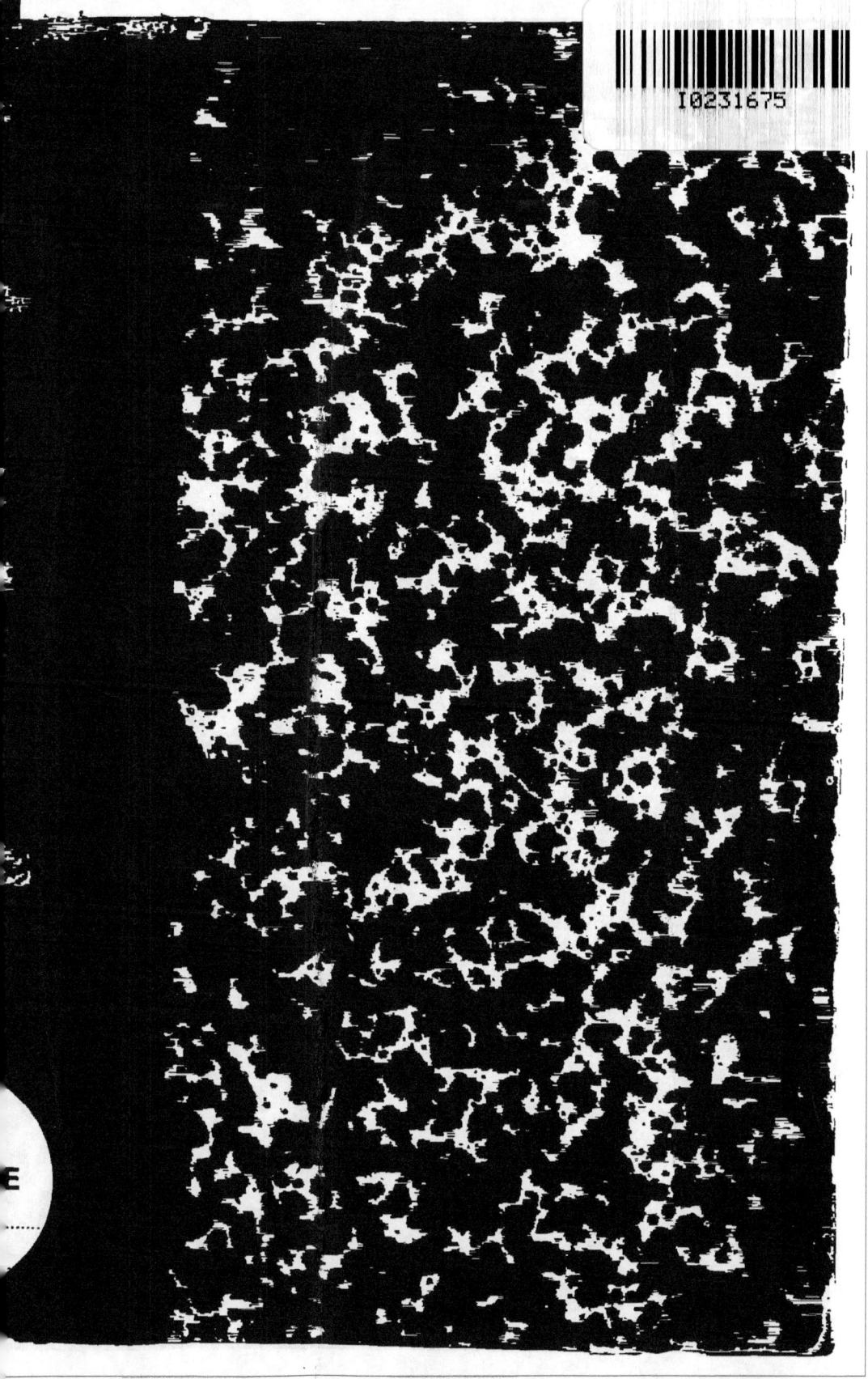

MÉMOIRES
D'AUDIGER

Limonadier à Paris

XVIIᵉ SIÈCLE

RECUEILLIS PAR LOUIS LACOUR

PARIS
ACADÉMIE DES BIBLIOPHILES

JANVIER 1869

MÉMOIRES

D'AUDIGER

ACADÉMIE DES BIBLIOPHILES.

DÉCLARATION.

« Chaque ouvrage appartient à son auteur-éditeur. La
« Compagnie entend dégager sa responsabilité collective des
« publications de ses membres. »

(*Extrait de l'article IV des Statuts.*)

Tiré à 440 exemplaires sur papier de Hollande
et 10 sur papier de Chine.

N°

MÉMOIRES
D'AUDIGER

Limonadier à Paris

XVIIᵒ SIÈCLE

RECUEILLIS PAR LOUIS LACOUR

PARIS
ACADÉMIE DES BIBLIOPHILES

JANVIER 1869

PRÉFACE

Le sieur d'Audiger nous dira suffisamment ce qu'il est dans les deux récits qui composent ce volume ; nous n'avons donc pas à insister sur l'importance historique du maître limonadier. Son existence nous montre que la profession dont il est l'inventeur, et qui a enrichi tant de gens après lui, ne fut point, dès l'origine, aussi favorisée des grâces du public.

C'est pendant les loisirs que lui laissait l'exercice de son « art » qu'il écrivit l'ouvrage où nous avons puisé la matière de cette publication. En voici le titre tout au long transcrit :

« La Maison reglée, et l'art de diriger la maison d'un grand Seigneur et autres, tant à la Ville qu'à la Campagne, et le devoir de tous les Officiers, et autres domestiques en général. Avec la veritable methode de faire toutes sortes d'Essences, d'Eaux et de Liqueurs, fortes et rafraîchissantes, à la mode d'Italie. Ouvrage utile et necessaire à toutes sortes de personnes de qualité, Gentilshommes de Province, Etrangers, Bourgeois, Officiers de grandes Maisons, Limonadiers et autres Marchands de Liqueurs. Dedié à Monseigneur Phelipeaux. A Paris, Chez Michel Brunet, Galerie neuve du Palais, au Dauphin. MDCXCII. Avec privilege du Roy. » In-12 de xxii et 282 pp.

Dans un certain nombre de pièces de vers à la louange de l'auteur, qui précèdent la préface de *la Maison réglée*, un sieur Duchesnay nous apprend que « l'ouvrage et l'ouvrier sont sans comparaison. »

> Pour sçavoir preparer Chocolat et Caffé,
> Rataphia rouge, ou blanc, l'Orangeat et le Thé ;
> Pour sçavoir appreter et Compotte et gelée.

Il y a là, entre autres, deux madrigaux

qui valent, pour l'emphase, leur pesant d'or. Nous avons recueilli soigneusement le titre du premier : « A monsieur Audiger, sur ce qu'il a eu l'honneur d'apprester les liqueurs et confitures que l'on servit au Roy, lorsqu'il mangea chez Monsieur à Saint-Cloud, chez Monsieur le prince à Chantilly, au Camp d'Acheres, et autres lieux, où il a eu l'avantage de les servir de sa main. » Sans doute, s'écrie Duchesnay, c'est quelque chose d'avoir écrit *la Maison réglée;*

> Mais tu tires bien plus de gloire
> D'avoir eu l'honneur tant de fois
> D'apprester, et servir le manger et le boire,
> Du plus puiffant de tous les Rois.

Une si rare confiance, ajoute le poëte, montre la probité, le bon goût et *l'esprit du limonadier.* Qu'en termes galants ces madrigaux s'expriment !

Audiger dédie son livre

« A Monseigneur Phelypeaux, Chevalier, Conseiller du Roy en ses Conseils, Maistre des Requestes ordinaire de son Hôtel, Intendant de Justice, Police, Finances, et des Troupes de sa Majesté dans la Généralité de Paris.»

Nous donnons tout au long ce morceau littéraire, qui lutte de platitude avec les fortes élucubrations du genre composées au XVIIe siècle. On y remarquera que d'Audiger avait eu occasion de rendre « de petits services » au fameux intendant.

« *Monseigneur, quoy que la prévention soit le vice des Autheurs, et qu'il y en ait peu qui produise quelque chose qui n'y croye des beautez, que bien souvent le public n'y trouve point, j'assurerai pourtant vostre grandeur que je n'ay rien ressenti de cette faiblesse en ce petit ouvrage, et quoy que c'ait esté une veritable et longue experience qui me l'ait dicté, et que j'ay eu l'honneur d'en voir applaudir l'execution par des personnes qu'on ne sçauroit taxer de méchant goût, je n'en ay jamais osé rien penser d'assez avantageux pour ne pas trembler pour luy, dans l'idée qu'on m'a inspirée de le mettre au jour; et je ne sçay si je m'y serais jamais résolu sans esperer une protection pareille à celle de vostre grandeur, à qui je prens la liberté de le présenter. Pour la presser plus fortement à le souffrir paroistre sous ses glo-*

rieux auspices, je n'entreprendray point de la complimenter sur la splendeur et l'ancienneté de sa noblesse, sur la penetration et vivacité de son esprit, sur la force et la beauté de son génie, ny sur mille autres grandes et sublimes qualitez qui la font admirer de tout le monde, et dont on feroit un fort gros volume en particulier; de si fameux projets sont trop au dessus de la portée de mon esprit, il n'apartient d'en parler qu'à de veritables orateurs, et non à des gens de ma sorte ; et je ne doute point que votre grandeur n'estime plus un respectueux silence que quelque longue narration qui ne feroit que l'ennuyer ; je la supliray seulement de n'avoir pas plus de dedain pour l'hommage que j'ose luy faire, que pour les petits services que j'ay eu autrefois l'avantage de lui rendre en plusieurs rencontres et qui font partie de la plus grande gloire que ma profession m'ait jamais procurée ; c'est toute la grace que je luy demande et que je la suplie de vouloir bien m'accorder avec la permission de me dire éternellement, Monseigneur, de Vostre Grandeur, le tres-humble, tres-soumis et tres-obéissant serviteur. Audiger. »

Notre volume se compose de deux parties. La première est la préface de « *la Maison reglée* »; la seconde, qui forme ce que nous avons intitulé les « *Mémoires* », est placée par l'auteur en tête de son livre quatrième, et porte le titre d'*Avant-propos*.

En dehors des fragments que nous avons donnés, l'ouvrage de d'Audiger n'est qu'un recueil de préceptes pour la bonne tenue intérieure de la maison avec des recettes de confitures et de liqueurs.

L. L.

Ayant été prié plusieurs fois par differentes personnes de consideration de les instruire de la maniere que se doit faire et gouverner la maison d'un grand Seigneur, des Officiers et autres domestiques qui luy étoient nécessaires suivant l'état de sa vie, et à quelle dépense cela pouvoit aller par an, tant pour sa table que pour ses gens et son écurie, j'y travaillay par complaisance, et la leur donnay telle que l'experience me l'avoit pû apprendre dans tous les endroits que j'avois eu l'honneur de diriger, et comme le Lecteur la trouvera dans la suitte de ce Livre. Mais voyant, par le plaisir que ces mesmes personnes disoient que je leur avois fait, que ces sortes de connoissances là n'étoient pas si fort à mépriser que je me l'imaginois, et que bien des gens de qualité, ainsi que beaucoup d'Officiers de nouvelle datte, ou qui aspiroient de l'estre, ne seroient pas fâchez d'en avoir part, les uns pour sçavoir ce qu'ils peuvent faire et quel train ils peuvent entretenir suivant leur revenu, et les autres pour aprendre leur métier et se rendre capables de donner les ordres necessaires dans une grande Maison, je conçûs le dessein de leur en faire present, et, pour achever de contenter le Public, d'y adjouter quelques remarques sur d'autres maisons de moindre consequence, avec le devoir de tous les domestiques en général, mesme celuy des Marchands envers leurs garçons de boutiques et aprentifs, envers leurs maîtres et maîtresses. Ce petit ouvrage acheyé suivant mon idée et la foiblesse de mon genie (car je ne me suis jamais piqué de lettres, et n'ay point dessein, pour cela, de vouloir passer pour Autheur), j'en leus quelque chose à de mes amis qui me fortifierent dans la pensée que j'avois de le faire imprimer, et qui d'abondant me conseillerent, puisqu'il n'y avoit personne de ma famille qui voulût être de ma profession aprés moy, de ne pas laisser perdre les connoissances que j'y pouvois avoir acquises depuis trente cinq ans que je m'en meslois, et sur celle des Eaux et des Liqueurs tant fortes que rafraîchissantes, dont peu de gens avoient de veritables lumieres. Je les écoutay, mesme leur promis d'y travailler; enfin j'en dressay le petit traitté qui fait une partie de ce volume, que peut-estre ne trouvera-t'on pas mauvais effectivement, puis que c'est ainsi que je l'ay toûjours pratiqué pour le Roy, la Reyne et plusieurs autres personnes des premiers de l'Europe, qui par tout m'ont toûjours fait la grace d'en paroître assez contens et de m'honorer de leurs aplaudissemens. Je pourrois déja mettre fin à ce discours, et peut-estre cela feroit-il plaisir à certains lecteurs qui s'ennuyent d'abord à l'ouverture d'un livre; mais, comme un vieux proverbe dit *que les bons Maistres font les bons valets*, je ne puis m'empescher, avant que d'aller plus loin sur le chapitre et devoir de ces derniers, de couler icy quelques mots en passant de ce que les Maîtres et Maistresses doivent à leurs domestiques, et de quelle maniere il faut qu'ils en agissent avec eux pour en estre bien servis. Je dirai donc que, si les maîtres et maistresses, tant grands que petits Seigneurs, ou autres de plus mediocre état, veulent que leurs gens aïent de l'amour et de l'affection pour eux, il faut qu'ils les traittent avec douceur et benignité, qu'ils ne se mettent point sur le pied de les chasser d'abord ou traitter trop rigoureusement pour des bagatelles, et qu'ils les payent et récompensent bien suivant les conventions faites avec eux, ou à proportion de leurs bons et longs services. Car quoi de plus odieux parmi le monde que certains maîtres et maîtresses qui crient sans cesse, qui pour rien sont toujours dans l'emportement contre leurs domestiques, et qui, aprés avoir fait passer des huit et dix ans à de pauvres malheureux, leur avoir fait souffrir pendant ce temps tout ce qu'on peut de plus facheux et de plus cruel, ne cherchent qu'à les opprimer pour le reste de leur vie, et à leur faire querelle lors qu'ils sont prests de sortir d'avec eux, afin d'avoir sujet de ne leur rien donner, et les frustrer de ce qu'ils leur ont promis de la récompense qu'ils pouvoient legitimement esperer de leurs peines et de leurs soins. Au bruit et à la veuë d'une semblable maniere d'agir, quels sentimens peuvent avoir d'autres domestiques pour de semblables maîtres et maîtresses? quels interests peuvent-ils prendre dans tout ce qui les regarde? et quelles instructions et remontrances pourroient les obliger à servir avec un veritable zele des gens auprés de qui ils ne demeurent que par necessité, et dont ils n'esperent que de la dureté et du mécontentement? Or, il est donc vray que, si les maîtres et maîtresses veulent avoir de bons domestiques, il faut qu'ils leur soient bons eux-mesmes, et qu'ils les regardent non comme des esclaves, mais comme leurs enfans adoptifs, dont ils doivent prendre soin comme de leurs enfans propres, et leur enseigner ou faire enseigner tout ce qu'il est nécessaire qu'ils sçachent, tant pour leur salut et service du Seigneur que pour l'établissement de leur fortune. Je ne dis pourtant que, par un excès de bonté et de douceur, des maîtres et maîtresses oublient à se faire rendre le respect qui leur est deub, et qu'ils leur souffrent rien qui ne se puisse souffrir : tant s'en faut, et il est de leur devoir de leur montrer partout ce qu'ils sont, et que, s'ils en tolerent quelquefois des bagatelles, ils n'entendent pas en agir de mesme dans les choses de plus grande consequence et qui marque en eux quelque noirceur d'ame ou quelque mépris pour ce qu'ils doivent reverer. Je diray d'avantage, pour les rendre plus soigneux et leur ôter cette nonchalance qui souvent fait le plus grand défaut des domestiques, il est bon que les maîtres et maîtresses leur tiennent bride en main, et leur fassent payer ce qu'ils peuvent gâter par leur peu d'adresse ou perdre par négligence et faute de soin, ou du moins de leur en donner la peur, afin de les obliger à prendre toûjours bien garde à ce qu'ils font et à ne rien laisser traîner mal à propos. Il seroit mesme encore du bon ordre des maîtres et maîtresses, quand ils prennent des domestiques, de les charger, par un memoire signé et fait double entre, de tout ce qu'ils doivent avoir en maniment dans leur maison, car ainsi il n'y auroit jamais rien à dire de part ny d'autre, personne ne se pourroit tromper ; et si les uns ne pouvoient pas rien demander davantage, les autres ne pourroient se dispenser de rendre un compte juste et exact de tout ce qui leur auroit esté mis entre les mains. Enfin, en bien payant, les maîtres et maîtresses doivent se bien faire servir, mais sans cruauté et sans tyrannie, et, cela estant ainsi, il est impossible que leurs domestiques ne s'attachent sincerement à eux, qu'ils ne les regardent comme leurs veritables peres et meres, et qu'ils ne se sacrifient par tout pour le moindre de leurs interests. Je ne diray point icy quels gages ny quelles récompenses les maîtres et maistresses sont obligez de donner à leurs domestiques, cela se fait à discretion, ou suivant leur pouvoir; mais, dans l'un et dans l'autre cas, ils doivent tous considerer qu'un vieux domestique, qui n'est plus en état d'aprendre métier ny d'aller servir ailleurs, est veritablement digne de compassion, et que c'est alors qu'ils doivent le plus s'efforcer de leur faire quelque bien, et d'imiter en cela defunt Monsieur le Prince de Condé, qui, suivant le merite et les services de ses anciens domestiques, leur assignoit des pensions ou leur donnoit des emplois dans ses terres, où ils pouvoient doucement et sans peine passer le reste de leurs jours. C'est ainsi qu'il seroit à souhaiter que tous les maistres et maistresses fussent à proportion, et avec d'autant plus de raison qu'une genereuse charité fut toûjours le partage des plus belles ames, et que rien n'est plus loüable que de mettre un malheureux en état de ne plus songer qu'à faire son salut et à prier le Ciel pour la gloire et prospérité de ceux qui s'en sont rendus les protecteurs.

Quelqu'un s'étonnera peut-estre que je me sois restraint à parler icy et à ne donner des préceptes que pour la maison d'un grand Seigneur et autres au dessous, et que je n'aye rien dit de celles du Roy et des Princes, sur lesquelles il y auroit eu mille belles choses à remarquer, tant sur leurs magnificences que sur le devoir de chaque Officier en particulier ; mais il sçaura, et je suis bien aise de m'en expliquer, que le respect que j'ay pour elles ne me l'a pas permis, que d'ailleurs cela auroit presque esté inutile, attendu qu'elles ont toujours esté reglées d'elles mêmes depuis qu'elles subsistent, qu'il n'y a que des Officiers, qui n'y sont point traittés de domestiques, mais bien de Commensaux, et qu'il n'y a personne qui cherche à y entrer en charge qui ne soit ou ne doive estre parfaitement instruit de tout ce qu'il est obligé de faire et de sçavoir.

Voilà ce que j'avois à dire au Lecteur touchant un ouvrage assez particulier en son espece, et qui, quoy que trés-necessaire à la vie civile, n'est point encore entré dans l'idée de personne. C'est ce qui me fait esperer qu'on le recevra agréablement et qu'en faveur de son utilité on en excusera le peu de politesse et les fautes qui s'y pourront rencontrer.

MÉMOIRES

L'OFFICE ayant esté ma premiere inclination, je m'y addonnay dés mon âge le plus tendre, et je l'appris des meilleurs Officiers de France ; cela m'ayant donné occasion de parcourir les principales parties du Royaume, mesme de faire voyage avec plusieurs personnes de qualité en Espagne, en Hollande, en Allemagne, je parvins enfin en Italie, où je m'attachay fortement à n'ignorer de rien concernant les Confitures et les Liqueurs, mais encore à sçavoir faire en perfection toutes sortes d'Eaux, tant de fleurs que de fruits, glacées et non glacées, Sorbec, Crêmes, Orgeat, Eau de Pistaches, de Pignon, de Coriandre, d'Anis, de Fenoüil et de toutes sortes d'autres grains, et à leur donner le bon goust suivant leurs veritables et meilleures qualitez. J'appris aussi à distiller toutes sortes de fleurs, fruits, grains et autres choses à distiller, tant par le chaud que par le froid, et à préparer le Chocolat, le Thé et le Caffé, que peu de gens connoissent encore en France, et je fus un des trois qui commencerent à leur y donner la vogue. Le nommé More fut le premier, et fut envoyé d'Italie à Monsieur le Cardinal Mazarin par le moyen du sieur Pronty, son Maistre d'Hostel. André Salvator fut le second, et fut envoyé à Monsieur le Maréchal de Grammont, qui estoit fort curieux de ces sortes de choses, et qui vouloit bien en faire la dépense nécessaire. Quant à moy, aprés avoir connu et frequenté ces deux hommes assez long-tems, et m'estre instruit parfaitement de tout ce qui concernoit leur science et de tout ce que je desirois sçavoir d'ailleurs, je partis en poste de Rome, aprés y avoir demeuré quatorze mois, pour m'en revenir en France, et cela au commencement du mois de Janvier de l'année 1660. En passant entre Gennes et Florence, ayant vû dans les champs de fort beaux pois en cosse, et approchant de

Gennes en ayant encore trouvé d'incomparablement plus beaux, la curiosité me porta à en marchander et à en faire cueillir, si bien que les Païsans à qui c'estoit m'en apporterent deux paniers à Gennes, avec quantité de boutons de roses dont tout le tour de leur champ estoit garni. Aussitost je fis préparer une quaisse et les y accommoday avec de certaines herbes que ces Païsans m'avoient aussi apporté pour les tenir plus fraîchement, et avec les roses, qui n'étoient pas moins curieuses pour la saison. Cela fait, je repris la poste, et fis ainsi apporter la quaisse avec moy jusques à Paris, où j'arrivay le seiziéme du mesme mois de Janvier, et le Jeudy ensuivant, qui estoit le dix-huit, j'eus l'honneur de la presenter au Roy par le moyen de Monsieur Bontems, qui pour cet effet me fit la grace de me mener luy-mesme au vieux Louvre à Paris. Sa Majesté se trouva pour lors accompagnée de Monsieur, de Monsieur le Comte de Soissons, de Monsieur le Duc de Crequy, de Monsieur le Maréchal de Grammont, du Comte de Noailles, du Marquis de Vardes, du Comte de Moret, et de plusieurs autres grands Seigneurs de la

Cour, qui tous d'une commune voix s'écrierent que rien n'estoit plus beau et plus nouveau, et que jamais en France on n'avoit rien vû de pareil pour la saison; Monsieur le Comte de Soissons prit mesme une poignée de pois qu'il écossa en presence de Sa Majesté, et qui se trouverent aussi frais que que si on fust venu de les cueillir. Sa Majesté, ayant eu la bonté de m'en témoigner sa satisfaction, m'ordonna de les porter au Sieur Baudoüin, Controlleur de la bouche, et de luy dire d'en donner pour faire un petit plat pour la Reine Mere, un pour la Reine, un pour Monsieur le Cardinal, et qu'on luy conservast le reste, et que Monsieur en mangeroit avec Elle. En mesme temps sa Majesté ordonna aussi à Monsieur Bontems de me donner un present en argent, mais je le remerciay, et luy dis que je voulois demander à Sa Majesté le privilege et la permission de faire et faire faire, vendre et debiter toutes sortes de Liqueurs à la mode d'Italie, tant à la Cour et suite de Sa Majesté, qu'en toute autre Ville du Royaume, avec défenses à tous autres d'en vendre ny debiter à mon préjudice. Monsieur

Bontems me dit aussi-tost que cela estoit bon, et qu'il croyoit qu'il ne me seroit pas refusé. Au mois de Mars ensuivant j'en donnay mon Placet au Roy estant à Vincennes, qui me renvoya à Monsieur le Tellier pour luy demander si cela se pouvoit ; je le fus trouver, et, l'ayant rencontré au bas de l'escalier, je luy presentay le Placet que le Roy m'avoit rendu pour qu'il eust à y faire réponse, ainsi que Sa Majesté l'avoit ordonné. Il le vid, et me dit aussitost en riant que Sa Majesté pouvoit m'accorder ce que je luy demandois par iceluy, qu'il ne croyoit pas que personne s'y opposast, attendu qu'il n'y avoit personne en France qui sçût la composition de ces Liqueurs là, et qui se meslast d'en faire negoce, et qu'il me serviroit en cela autant qu'il le pourroit. En mesme tems je remontay avec luy chez le Roy, et si-tost que Sa Majesté m'apperceut avec luy, Elle luy dit encore de voir si Elle me pouvoit donner le Privilege que j'avois pris la liberté de luy demander. Monsieur le Tellier luy ayant répondu qu'oüi, Elle luy ordonna aussi-tost de m'en faire expedier les Lettres. Peu de temps aprés, Monsieur le Cardinal estant mort, la Cour alla à Compiegne et ensuite à Fontaine-bleau, où la Reine accoucha de Monseigneur le Dauphin. Moy, sollicitant toûjours mon Brevet, j'y fus aussi trouver Monsieur le Tellier, qui me le délivra luy-mesme, en me priant d'apprendre quelque chose à son Officier touchant les Eaux et les Liqueurs; ce que je luy promis. Il me dit aprés de porter mon Brevet à Monsieur Herval, Greffier du Conseil, afin qu'il le rapportast au Conseil, et qu'il auroit la bonté de l'appuyer; ce qui fut fait et accordé ainsi que je le souhaitois. Je le retiray ensuite des mains de Monsieur Herval, et le portay à Monsieur le Chancelier Seguier, qui me dit qu'il falloit attendre pour voir si personne ne s'y opposeroit point. Ce qui l'obligea à me faire cette difficulté est que Monsieur le Comte de Guiche, qui avoit épousé sa petite-fille, et qui n'estoit pas bien avec elle, avoit parlé pour moy, et cherché les moyens de me rendre service en cette affaire ; ainsi je raportay mes Lettres sans estre scellées, et les mis dans un coffre jusques à quelqu'autre moment plus favorable. Enfin, poursuivant toûjours ma pointe, je donnay plusieurs Placets au Roy pour luy faire connoistre que Monsieur le Chancelier n'avoit point voulu sceller mes Lettres, et que cela m'avoit fait perdre bien du temps et dépenser tout mon argent; et ayant un jour trouvé moyen d'en parler plus commodément à Sa Majesté, Elle me dit qu'elle en estoit fâchée, mais qu'Elle n'y pouvoit que faire, et que je demandasse quelqu'autre chose, qu'Elle me l'accorderoit; mais n'ayant rien trouvé de propre à luy demander pour le moment, je ne songeay plus qu'à prendre party ailleurs. Enfin, quelques mois aprés, étant entré chez Madame la Comtesse de Soissons en qualité de Faiseur de Liqueurs, j'eus l'honneur d'en faire dés le premier jour, dont elle fit boire et manger au Roy, en une espece de collation qu'elle donna le lendemain chez elle à Sa Majesté, qui les trouva fort bonnes, ainsi que Monsieur et plusieurs autres Seigneurs et Dames de la Cour qui se trouverent à ce regal. Cela estant fait, et Madame la Comtesse ayant connu par là que je n'ignorois rien sur l'article, m'en témoigna sa satisfaction; mais comme dans la suite je ne me trouvay pas assez employé, je m'en plaignis à elle, et luy fis voir une Lettre que la Reine de Pologne, qui estoit pour lors la Princesse Marie, m'avoit fait écrire pour aller la trouver et servir en qualité de chef d'Office, Confiseur et Faiseur de Liqueurs, moyennant huit cens francs d'appointement, avec permission de prendre des Apprentifs. Madame la Comtesse ayant vû par là que je sçavois aussi l'Office, elle me dit qu'elle feroit aussi-bien ma fortune que la Reine de Pologne, et qu'elle vouloit que je demeurasse avec elle; et pour me retenir, elle s'informa à Monsieur le Normand, Controlleur de sa Maison, quel employ on pourroit m'y donner de plus lucratif et de plus convenable avec les Liqueurs. Il luy répondit que c'estoit la distribution du pain et du vin avec le soin de mettre le couvert, et d'avoir le linge et la vaisselle d'argent entre les mains pour en avoir aussi le soin. Dés le moment cela fut resolu, et elle luy donna ordre de me mettre en possession; ainsi cela fut separé de la fruiterie, et je demeuray ainsi trois ans dans cet employ, pendant lequel temps j'eus l'honneur de servir plusieurs fois le Roy et les Princes, et toûjours avec assez de satisfaction et d'applaudissement pour croire que l'on n'en estoit point mal satisfait. Mais ayant esté au Siege de Marsal, et de là à la visite du Gouvernement de Champagne avec Monsieur le Comte de Soissons, il ne put s'empêcher de dire à son retour que je m'estois tres-bien acquité de mon devoir, et qu'il estoit fort content de moy; ce qui donna tant de jalousie à tous les autres Officiers, que depuis ils ne chercherent qu'à me rendre de mauvais services et me faire sortir de l'Hostel; ce qui enfin leur réüssit; et l'on me donna mon congé, sans presque m'en expliquer aucune raison. Je me retiray ainsi avec beaucoup de chagrin, ce qui m'ayant causé quelques affaires, je me mis dans le Regiment de Rouvray de Cavalerie, où je fis quelques Campagnes; ensuite dequoy on me fit avoir une Lieutenance d'Infanterie dans le Regiment de Lorraine, dans la Compagnie de Joyau, de laquelle je me démis, aprés la Campagne de l'Isle, en faveur d'un de mes parens, et revins à Paris, où Monsieur le President de Maisons me prit pour son Officier, chez lequel et en son Château de

Maisons j'eus l'honneur de donner la premiere collation que la Reine avec Monseigneur le Dauphin ayent faite hors des Maisons Royales, où je les servis préférablement aux Officiers du Roy, qui enfin me le cederent pour les bonnes et solides raisons que je leur alleguay, et qui même me prierent tous de leur aller prester la main à Versailles, entr'autres Monsieur de Lazur, Chef d'Office ordinaire, à cause que le Roy, pendant quinze jours, donnoit de grands cadeaux et de grands divertissemens à toute la Cour. J'en demanday la permission à Monsieur de Maisons, qui me l'accorda; mais au retour, nous estant broüillez, je le quittay et entray chez Monsieur Colbert, où je demeuray l'espace de deux ans; pendant lequel temps, Monsieur Colbert donnant à manger au Roy, à la Reine, à Monseigneur et à toute la Cour, en sa Maison de Seaux, j'eus encore l'honneur de les y servir en qualité de Chef d'Office; et comme estant la premiere fois, j'emportay les soucouppes de cristal, verres et caraffes du Roy, de la Reine, de Monseigneur le Dauphin et de Monsieur et de Madame, que Monsieur et Madame Colbert m'accorderent. Quelque temps aprés, Madame Colbert, qui estoit fort changeante, voulut faire Maison nouvelle, et sur des bagatelles j'en eus mon congé, ainsi que ses autres Officiers. Mais comme en ce mesme temps-là on cherchoit un homme pour envoyer en Hollande pour estre Officier de Monsieur de Saint Aignan, à present Duc de Beauvilliers, Monsieur Colbert me proposa luy-mesme; et la chose ayant esté resoluë, je partis, et à mon retour je m'établis une Boutique de Limonadier dans la Place du Palais Royal, où pendant douze ans je fournis la Maison du Roy de toutes sortes de Liqueurs, ainsi que tous les grands Seigneurs qui se trouvoient en avoir besoin; et je fus appellé à tous les grands repas et festins qui se firent lorsque le Roy ordonna à tous les Seigneurs de la Cour de régaler Monsieur l'Evesque de Strasbourg. Sa Majesté ayant commencé, tous les autres suivirent, et Monsieur de Strasbourg voulant régaler à son tour Monseigneur le Dauphin, et ensuite tous les autres Seigneurs, j'eus encore l'honneur d'y estre appellé, et d'y fournir toutes les confitures et Liqueurs nécessaires; ce qu'il continua pendant sa vie toutes les fois qu'il voulut régaler quelqu'un. Monsieur Rossignol, à un retour de Fontaine-bleau, régala le Roy et toute la Cour en sa Maison de Juvisy, où j'eus aussi l'honneur, avec le nommé Rolland, Officier de Madame la Princesse de Carignan, d'y faire le fruit et toutes les Liqueurs, et d'y servir à boire à Sa Majesté, à Monsieur et à Madame, à qui je fis porter la collation par toutes les allées où ils passoient, ce qui leur fit dire plusieurs fois que le jardin estoit par tout rempli de collations.

Lorsque le Roy fut en Flandres à la Campagne des Broüettes, Monsieur le Duc, qui est aujourd'huy Monsieur le Prince, m'envoya chercher pour me mener à Chantilly, où il régala pendant huit jours Madame la Princesse de Conty, Madame Colbert, et plusieurs autres Seigneurs et Dames, dont je reçûs beaucoup d'honnestetez sur tout ce que je leur avois fait ; mesme Monsieur le Prince me pria d'apprendre à ses Officiers à faire des Liqueurs ; ce que je fis parce qu'ils estoient tous de mes amis.

L'hyver ensuite, ce mesme Prince donna un

grand bal à Monseigneur le Dauphin, à Madame la Dauphine, et à tous les autres Princes et Princesses, Seigneurs et Dames de la Cour, où je fis quantité de Liqueurs, d'Eaux glacées, et autres Eaux à boire; aprés quoy Monsieur le Prince me fit faire un present, en me disant qu'il estoit fort content de moy, et que tout ce que j'avois fait s'estoit trouvé admirable.

Monsieur, Frere unique du Roy, lorsqu'il traita Sa Majesté et toute la Cour à Saint Cloud, me fit encore la grace de m'envoyer chercher.

Toutes les fois qu'il y régala depuis j'y fus toûjours appellé pour y faire les Liqueurs nécessaires. Lorsqu'il fut à l'armée ce fut toûjours moy qui luy en fournis pour chaque Campagne; et tous les hyvers il me faisoit faire quantité d'Hipocras blanc et rouge, et souvent des collations lorsqu'il venoit à Paris sans ses Officiers. Tout cela n'alloit point ainsi mal pour moy, et je fournirois peut-estre encore sans un petit differend que j'eus avec Monsieur de Livry au sujet d'un Associé qu'il me voulut donner et que je n'acceptay point. Mais enfin ne fournissant plus, je ne songeay qu'à faire mes affaires d'ailleurs; et comme je connoissois un Secretaire de Monsieur de Riantz, Procureur du Roy au Chastelet de Paris, je luy fis voir les Lettres du Privilege que le Roy m'avoit donné. Il me dit qu'il falloit les montrer à Monsieur de Riantz, qu'il estoit bon amy de Monsieur le Chancelier d'Aligre, et qu'il tâcheroit de les faire réussir. Je les luy portay, il me promit qu'il en parleroit; je donnay là dedans, et luy laissay tout entre les mains; mais au lieu d'en parler à mon avantage, il en fit faire une Maistrise, qui est celle qu'on voit aujourd'huy, et cela sans m'en donner le moindre avis. Monsieur le Chevalier de Chatillon, qui estoit pour lors Garde du Corps du Roy, demanda à Sa Majesté le Privilege qu'Elle m'avoit accordé; mais Elle luy dit qu'Elle me l'avoit donné et qu'Elle ne le pouvoit pas donner à deux personnes, et que s'il croyoit le pouvoir faire réussir, il falloit qu'il s'accommodast avec moy. Sur cela il me vint trouver avec Madame sa mere, et me dit que si je luy voulois ceder mes droits, il me donneroit mil pistoles. Alors je fus trouver Monsieur de Riantz pour retirer mes papiers; mais comme il s'estoit mis en teste cette Maistrise afin de recevoir son droit de chacun des Maistres, il me dit qu'il ne sçavoit où cela estoit, mais qu'il le chercheroit ou le feroit chercher. Enfin, lorsque j'y songeois le moins, je sceus qu'il y avoit une Maistrise par une Assignation qui me fut donnée portant que j'eusse à me faire recevoir Maistre; ce qui m'étonna fort. Je fus aussi-tost trouver Monsieur Colbert avec mon Assignation, auquel je contay l'établissement de la Maistrise de Limonadier, et que l'on ne l'avoit pû tirer que sur le Privilege que le Roy m'avoit donné : je luy demanday sa protection là-dessus, et il m'envoya trouver Monsieur des Marests qui me donna un billet pour aller trouver le Partisan, qui estoit le sieur de la Ville. J'y fus, et cet homme voyant le billet dont j'estois ainsi porteur de la part de Monsieur Colbert, écrivit à Monsieur de Riantz, Procureur du Roy, qu'il eust à me recevoir et à me faire donner mes Lettres, attendu que j'avois payé, ce qui pourtant n'estoit pas vray, car jamais je n'en ay rien donné; et c'est tout ce que j'ay eu pour mon Privilege. Ainsi on a fait une Maistrise de deux cens ignorans ramassez et de la lie du peuple, à cinquante écus chacun pour estre receus; et si j'en avois esté averti, j'en aurois fait la plus jolie des Maistrises de Paris, qui auroit esté aimée et considérée de tous les honnestes gens en y joignant le Métier de Confiseur, plûtost que de Vendeur d'eau de vie, qui auroit eu pour titre Marchands de Liqueurs et de Confitures, ce qui n'auroit attiré chez eux que de fort honnestes personnes, au lieu que sur le pied de Vendeurs d'eau de vie il n'y va que de la canaille D'ailleurs cent Maistres établis, comme je le viens de dire, auroient donné cent mil francs au Roy pour Paris seulement, sans compter ce qu'auroient pû produire les autres Villes du Royaume ; et les quatre cens établis autrement n'ont pas donné tous ensemble plus de dix à douze mil francs au Roy, parce que ce sont des ignorans sans cœur et sans resolution, qui à leur barbe laissent manger leur pain par des Armeniens, et qui, par le tourment que leur fait sans cesse Monsieur de la Renye, sont mocquez et méprisez de tout le monde.

On ne trouvera peut-estre pas mauvais que je mette encore icy, pour dernier Article, que lorsque le Roy vint à Paris à Nostre-Dame rendre grace à Dieu et à la Vierge de sa guérison, Messieurs de Ville ayant supplié Sa Majesté de vouloir bien les honorer de disner à l'Hostel de Ville, Elle et toute la Cour, Elle l'accepta; et j'eus encore l'honneur d'être choisi pour y servir la Table des Princes, qui estoit de trente couverts, en qualité de Maistre d'Hostel, où je receus toute l'approbation imaginable des Princes et Seigneurs qui s'y trouverent. Outre cela je fis toutes les Liqueurs, tant pour la Table du Roy que pour les autres, qui furent aussi trouvées fort bonnes. Ensuite le Roy estant parti pour Versailles, il resta Monseigneur le Dauphin, Madame la Dauphine, Monsieur et Madame, et plusieurs autres Princes, Princesses, Seigneurs et Dames pour voir tirer le feu qu'on avoit préparé, avec une Chambre magnifique où on leur donna le bal, qui dura jusques à deux heures apres minuit, où j'eus encore l'honneur d'y servir une collation portative de toutes sortes de fruits et d'eaux, tant pour boire que glacées, dont chacun fut encore fort content, et Messieurs de l'Hôtel de Ville m'en remercierent quelques jours aprés avec toute l'honnesteté possible.

Lorsque le Roy fut au Camp d'Acheres y faire la reveuë par plusieurs fois, j'eus aussi l'honneur d'y faire toutes les Liqueurs que l'on luy servit chez Monsieur de Noailles, et d'y donner moy-mesme plusieurs fois à boire à Sa Majesté.

Quelques Lecteurs chagrins regarderont peut-estre ce préambule comme une piece fatigante et inutile, j'en suis fâché; mais je ne leur en feray point pourtant excuse, car il peut arriver que d'autres la verront d'un œil plus favorable, et qu'ils ne seront pas fâchez en prenant la peine de lire le Traité qui suit, et, en cherchant à s'en servir comme j'ay pû faire, d'apprendre depuis quel temps je me suis meslé des Liqueurs, et que si on ne m'y avoit pas connu quelque capacité, je n'aurois pas eu l'avantage d'estre choisi pour en faire en tant d'endroits considerables et pour les premieres personnes du monde.

ACADÉMIE DES BIBLIOPHILES

Société libre pour la publication à petit nombre de livres rares ou curieux.

MEMBRES DU CONSEIL

Année 1868-1869.

MM. Paul Cheron, de la Bibliothèque impériale ;
Hippolyte Cocheris, de la Bibliothèque Mazarine ;
Jules Cousin, de la Bibliothèque de l'Arsenal ;
E.-F. Delore, de la Bibliothèque Sainte-Geneviève ;
Émile Gallichon, directeur de *la Gazette des Beaux-Arts* ;
Pierre Jannet, fondateur de la *Bibliothèque elzévirienne* ;
Louis Lacour, de la Bibliothèque Sainte-Geneviève ;
Lorédan Larchey, de la Bibliothèque Mazarine ;
Anatole de Montaiglon, secrétaire de l'École des Chartes, ancien bibliothécaire à l'Arsenal.

ANCIENS MEMBRES DU CONSEIL

MM Charles Read ; le baron Oscar de Watteville.

Les séances du conseil ont lieu le second mardi de chaque mois, à quatre heures et demie, au palais de l'Institut, dans le cabinet de M. H. Cocheris.

MM. les membres actifs et libres sont admis aux séances.

AVIS

Le Catalogue et les Statuts de l'Académie des Bibliophiles se distribuent à sa Librairie, rue de la Bourse, 10.

MM. les membres actifs et libres inscrits au LIVRET ANNUEL ont droit gratuitement à un exemplaire de cette publication.

COLLECTION DE LA COMPAGNIE

—

1. *De la Bibliomanie*, par Bollioud-Mermet, de l'Académie de Lyon. Publié par M. Paul Cheron. In-16 pot double de 84 pages. 160 exemplaires. 2ᵉ édition de la réimpression. . . . . 5 »

2. *Lettres à César*, par Salluste, traduction nouvelle par M. Victor Develay. In-32 carré de 68 p., 300 ex.   2 »

3. *La Seiziesme Joye de Mariage*, publiée pour la première fois. In-16 pot double de 32 p., 500 ex.   2 »

4. *Le Testament politique du duc Charles de Lorraine*, publié avec une étude bibliographique par M. Anatole de Montaiglon. In-18 jésus de 78 p., 210 ex. .   3 50

5. *Baisers de Jean Second*, traduction nouvelle, par M. Victor Develay. In-32 carré de 64 p., 500 ex.   2 »

6. *La Semonce des Coquus de Paris en may* 1535, publiée, d'après un manuscrit de la Bibliothèque de Soissons, par M. Anatole de Montaiglon. In-18 jésus de 20 p., 210 ex. . . . . 2 »

7. *Les Noms des Curieux de Paris*, avec leur adresse et la qualité de leur curiosité. 1673. Publié par M. Louis Lacour. In-18 raisin de 12 p., 140 ex. . . . 1 50

8. *Les Deux Testaments de Villon*, suivis du *Bancquet du Boys*, publiés par M. Paul Lacroix. In-8 tellière de 120 p., 220 ex. . . . . 7 »

9. *Les Chapeaux de castor*. Un paragraphe de leur histoire. 1634. Publié par M. Louis Lacour. In-18 raisin de 8 p., 200 ex. . . . . 1 »

10. *Le Congrès des Femmes*, par Érasme, traduction nouvelle par M. Victor Develay. In-32 carré de 38 p., 312 ex. . . . . 1 »

11. *La Fille ennemie du mariage et repentante*, par Érasme, traduction nouvelle par M. Victor Develay. In-32 carré de 64 p., 312 ex. . . . . 2 »

12. *Saint Bernard*. Traité de l'Amour de Dieu. Publié par M. P. Jannet. In-8 tellière de 140 p., 313 ex. . 5 »

13. *Œuvres de Regnier*, reproduction textuelle des premières éditions. Préface et notes par M. L. Lacour. In-8 carré de 356 p., 525 ex. . . . . . . 20 »
Impression de Jouaust.

14. *Le Mariage*, par Érasme, traduction nouvelle par M. Victor Develay. In-32 carré de 64 p., 312 ex. 2 »

15. *Le Comte de Clermont*, sa cour et ses maîtresses, par M. Jules Cousin. In-18 jésus, 2 vol. de 432 p., 412 ex. . . . . 10 »

16. *La Sorbonne et les Gazetiers*, par M. Jules Janin. In-32 carré de 64 p., 312 ex. . . . . . . 2 »

17. *L'Empirique*, pamphlet historique. 1624. Réédité par M. Louis Lacour. In-18 jésus de 20 p., 200 ex.   2 »

18. *La Princesse de Guéménée dans le bain et le Duc de Choiseul*. Conversation rééditée par M. Louis Lacour. In-18 jésus de 16 p., 200 ex. . . . . . . 2 »

19. *Les Précieuses ridicules*, comédie de I. B. P. Molière. Reproduction textuelle de la première édition. Notes par M. Louis Lacour. In-18 raisin de 108 p., 422 ex.   5 »

20. *Les Rabelais de Huet*, par M. Baudement. In-16 de 68 p., 260 ex. . . . . 3 »

21. *Description naïve et sensible de Sainte-Cécile d'Alby*. Nouvelle édition, publiée par M. Eugène d'Auriac. In-16 de 64 p., 260 ex. . . . . 5 »

22. *Apocoloquintose*, facétie sur la mort de l'empereur Claude, par Sénèque, traduction nouvelle par M. Victor Develay. In-32 carré de 64 p., 512 ex. . . . 2 »

23. *Aline*, reine de Golconde, par Boufflers. Nouvelle édition, publiée par M. Victor Develay. In-32 carré de 64 p., 512 ex. . . . . 2 »

24. *Projet pour multiplier les Colléges des Filles*, par l'abbé de Saint-Pierre. Nouvelle édition, publiée par M. Victor Develay. In-32 carré de 40 p., 312 ex.   1 »

25. *Le Jeune Homme et la Fille de joie*, par Érasme, traduction nouvelle par M. Victor Develay. In-32 carré de 32 p., 312 ex. . . . . 1 »

26. *Le Comte de Clermont et sa cour*, par M. Sainte-Beuve, de l'Académie française. In-18 jésus de 88 p., 412 ex. . . . . 3 »

27. *Le Grand Écuyer et la Grande Écurie*, par Édouard de Barthélemy. In-18 jésus de xii-216 p., 200 ex.　6 »

28. *Les Bains de Bade au XVe siècle*, par Pogge, Florentin. Scène de mœurs, traduite pour la première fois en français par M. Antony Meray. In-16 raisin de 48 p., 420 ex. . . . . 3 »

29. *Éloge de Gresset*, par Robespierre, publié par D. Jouaust. In-8 carré de 64 p., 100 ex. . . . 5 »

30. *Amadis de Gaule. La Bibliothèque de Don Quichotte*, par M. Alphonse Pagès. In-18 raisin de 174 p., 412 ex. . . . . 5 »

31. *Réflexions* ou *Sentences et Maximes morales* de La Rochefoucauld. Reproduction textuelle de l'édition originale de 1678, préface par M. Louis Lacour. In-8 carré de 262 p., 525 ex. . . . . 20 »

　　Impression de Jouaust

32. *Essai sur l'histoire de la réunion du Dauphiné à la France*, par J. J. Guiffrey. Ouvrage couronné par l'Académie des Inscriptions et Belles-Lettres. In-8 carré de xvi-396 p., 525 ex. . . . . 15 »

33. *Distiques moraux* de Caton, trad. nouvelle par M. V. Develay. In-32 carré de 80 p., 1 grav., 512 ex. 2 »

34. *Une Préface aux Annales de Tacite*, par Senac de Meilhan, publiée avec une introduction par M. Sainte-Beuve. In-18 raisin, 60 p., 420 ex. 3 50

35. *La Louange des Vieux Soudards*, par M. Louis Lacour. In-32 carré de 64 p., 300 ex. . . . 2 »

36. *Académie des Bibliophiles. Livret annuel : première année*, 1866-1867. In-8 carré de 16 p., 150 ex.   5 »

   (Se donne à MM. les membres actifs et à MM. les membres libres inscrits.)

37. *Le Bréviaire du roi de Prusse*, par M. Jules Janin. 1 vol. in-32 de 72 p., 300 ex. . . . .   2 »

38. *L'Oublieux*, comédie en trois actes de Charles Perrault, publiée pour la première fois par M. Hippolyte Lucas. In-18 raisin, 1 gravure, 132 p., 350 ex.   5 »

39. *Secrets magiques pour l'amour*, au nombre de octante et trois, publiés d'après un manuscrit de la bibliothèque de Paulmy par P. J., bibliomane. In-18 raisin, 128 p., 410 ex. . . . .   5 »

40. *Le Talmud*, étude par M. Deutsch, traduit de l'anglais sous les yeux de l'auteur. In-18, 116 p., fabriqué à Londres, 265 ex. . . . .   5 »

41. *Ligier Richier*, par Auguste Lepage. In-16, 36 p., 260 ex. . . . .   2 »

42. *Catalogue d'un libraire du XVe siècle tenant boutique à Tours*. Publ. par A. Chereau. In-16, 36 p., 300 ex.   3 »

43. *Rabelais*, publié par MM. A. de Montaiglon et Louis Lacour. 3 vol. in-8, 525 ex. . . . . . .   60 »

   (Le 1er volume est en vente. Jusqu'au 15 avril 1869, on peut souscrire à l'ouvrage au prix de 15 fr. le volume.)

44. *Les Antiquitez de Castres*, de Pierre Borel, publiées par M. Ch. Pradel. In-18 jésus, 288 p., 210 ex.   10 »

ACADÉMIE DES BIBLIOPHILES

Des Presses Parisiennes

DE

D. JOUAUST

M DCCC LXIX

45. *Les Satires du sieur N. Boileau Despréaux*, publiées par F. de Marescot. In-8 de 204 p , 310 ex. . 10 »

46. *Mémoires d'Audiger, limonadier à Paris*. XVIIᵉ siècle. Recueillis par M. Louis Lacour. In-16 de 48 p., 420 ex. 2 75

47. *Le Duc d'Antin et Louis XIV*. Rapports sur l'administration des bâtiments, annotés par le roi. Publiés par J. J. Guiffrey. In-12 de 32 p., 230 ex. . 3 »

48. *La Vache à Colas*, de Sedege. In-8 tellière de 114 p., 520 ex. . . . . 5 »

49. *Lettres inédites*, de L.-P. d'Hozier et de J. du Castre d'Auvigny, *sur l'Armorial et l'Hôtel Royal du Dépost de la Noblesse*, publ. par J. Silhol avec notes, documents et fac-simile. In-8 tellière de 144 p., 503 ex. . 6 »

50. *Le Chevalier de Sapinaud et les Chefs Vendéens du Centre*, par M. le comte de la Bouletiere; édités par M. Clouzot, libraire à Niort. In-8 raisin de 144 p., 300 ex. . . . . 5 »

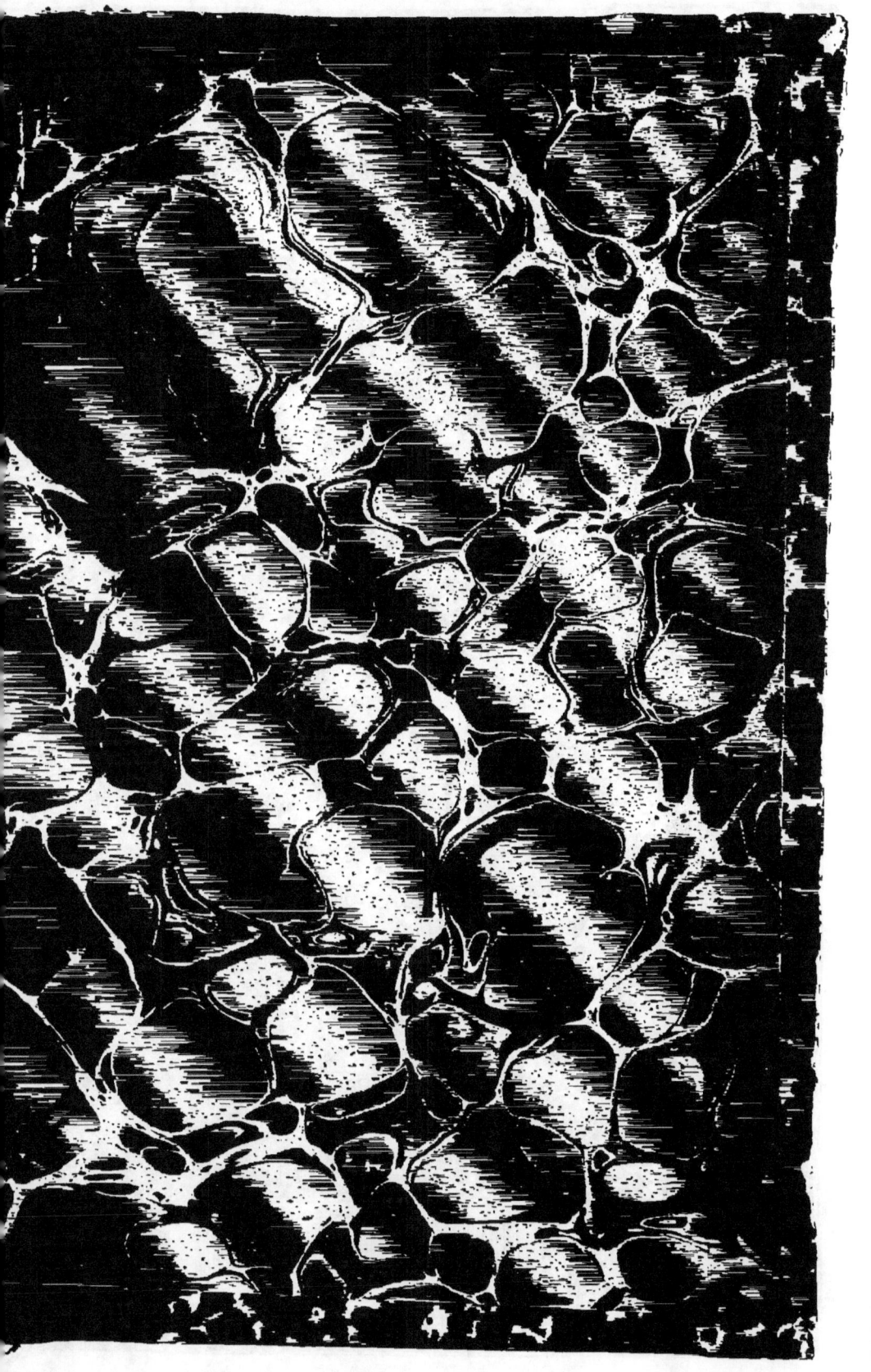

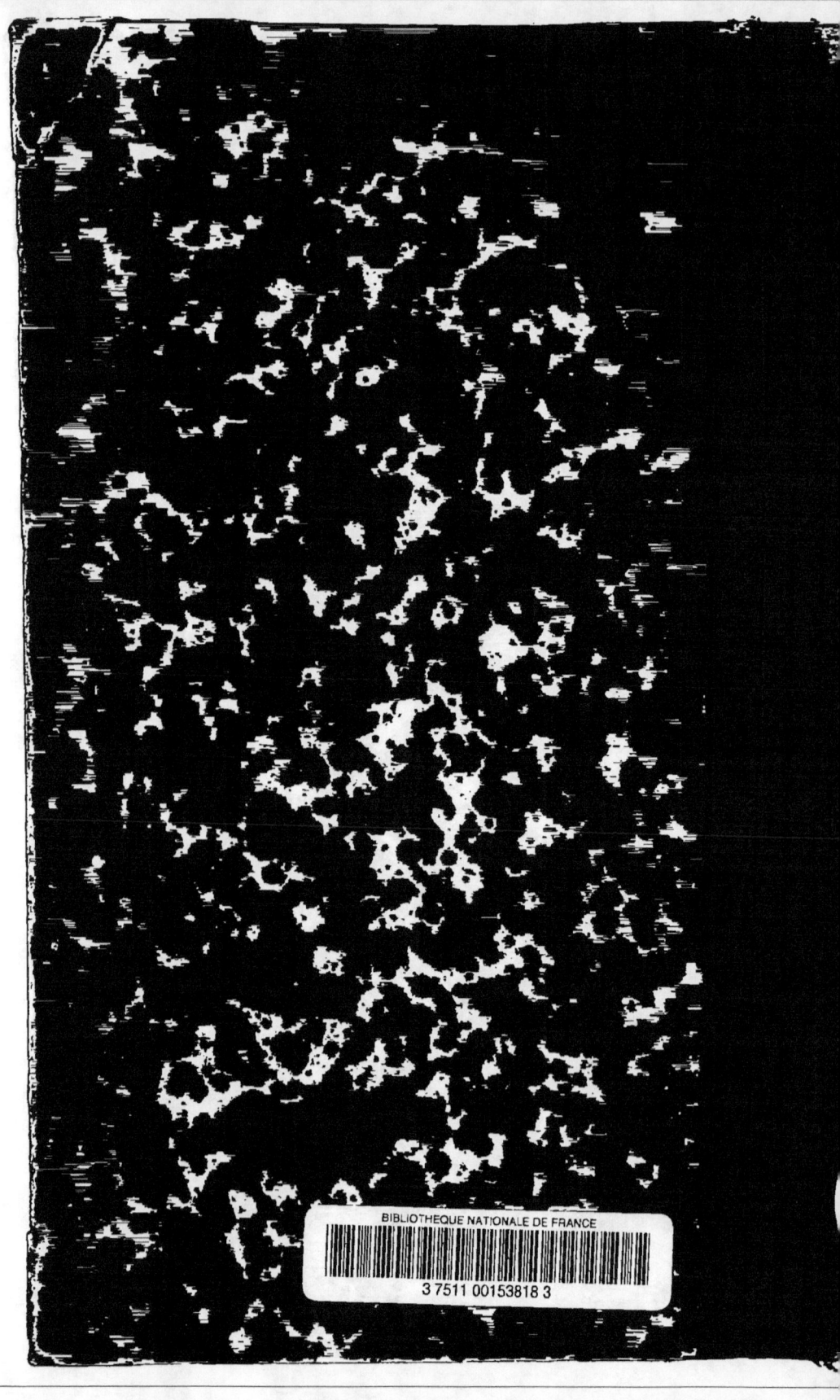

www.ingramcontent.com/pod-product-compliance
Lightning Source LLC
LaVergne TN
LVHW021719080426
835510LV00010B/1049